Stefanie Drecktrah · Mareike Hahn

Diktate mit Rico Schnabel 4

Selbstständig Diktate, Rechtschreibung und Grundwortschatz trainieren

Name: ______________________________

Klasse: __________

Mildenberger

Zum Inhalt und zur Arbeit mit Diktate mit Rico Schnabel 4

38 Texte mit den orthografischen Phänomenen sowie den Wörtern aller verbindlichen Grundwortschätze

Diktate mit Rico Schnabel 4 enthält 38 Texte, mit denen du lehrwerksunabhängig Diktate üben kannst. Die Schwierigkeit und die Wörteranzahl ähnelt den Diktaten, die du von der Schule her kennst. Die 38 Texte thematisieren die Rechtschreibphänomene der verbindlichen Grundwortschätze. Sie enthalten auch viele Wörter dieser Grundwortschätze. Auf diese Weise können sowohl die Rechtschreibphänomene als auch die Wörter der Grundwortschätze *im Satzkontext* trainiert und gefestigt werden. Weitere Informationen findest du auf www.rico-schnabel.de.

In jedem Text sollst du bestimmte Wörter unterstreichen. Die Lösungen dazu findest du auf der Webseite, die du über den QR-Code erreichst. Außerdem findest du die Lösungen sowie die Audiofiles auch unter folgendem Link: www.mbverlag.de/4200-45.

Als zusätzliche Unterstützung haben wir schwierige Wörter der einzelnen Texte gesondert auf S.80 aufgeführt. Diese darfst du immer zu Hilfe nehmen.

So verwendest du Diktate mit Rico Schnabel 4

Wir haben **Diktate mit Rico Schnabel 4** so gestaltet, dass möglichst alle Kinder damit gewinnbringend arbeiten können. Es gibt mehrere Möglichkeiten, wie du **Diktate mit Rico Schnabel 4** verwenden kannst:

1.) Lass dir den Text durch die Audiodateien diktieren (empfohlen)

Über den QR-Code auf den Textseiten (oder diesen Link: www.rico-schnabel.de) gelangst du auf die **Rico-Schnabel-Diktate-Webseite** unseres Verlags. Dort findest du zu jedem Text (neben den Lösungen für Aufgabe 1) vier Audiodateien: Die Dateien „Version 1“, „Version 2“ und „Version 3“ enthalten immer den gleichen Text. In jeder der drei Dateien wird dir der Text aber anders vorgelesen. Du benötigst alle 3 Dateien. In der Datei „Erklärung“ erfährst du noch einmal, in welcher Reihenfolge du dir die Texte vorlesen lassen sollst.

Öffne immer zuerst die „Version 1“, dann „Version 2“ und danach „Version 3“.

- **In Version 1 wird dir der gesamte Text komplett und ohne Pause einmal vorgelesen.**
- **In Version 2 wird dir der gesamte Text stückweise diktiert. Zuerst wird dir der ganze Satz vorgelesen und dann derselbe Satz in kleineren Stücken mit Pausen dazwischen diktiert. Schreibe mit, sobald das Diktat in kleineren Stücken mit Pausen vorgelesen wird. Wenn es dir zu schnell geht, kannst du auch die Pause-Taste verwenden, um das Vorlesen zu unterbrechen.
Daraufhin wird dir der nächste Satz auf dieselbe Weise vorgelesen.**
- **In Version 3 wird dir der komplette Text noch einmal vorgelesen, sodass du Korrekturen machen und überprüfen kannst, ob du alles geschrieben hast.**

2.) Lass dir den Text von jemand anderem diktieren

Der Text sollte in der gleichen Reihenfolge und in der gleichen Weise wie in 1.) vorgelesen werden. Langsam und deutlich sprechen und Satzzeichen mitdiktieren.

3.) Eigenständige Bearbeitung als Abdeckdiktat

Du kannst auch alleine mit diesem Heft arbeiten. Decke dafür zuerst den Text auf der linken Seite ab. Decke danach den Text Stück für Stück auf und schreibe ihn auf die rechte Seite. Die hellgrauen Striche in den Texten zeigen dir, wie weit du den Text mindestens aufdecken kannst.

Selbsteinschätzung

Sobald du das ganze Diktat geschrieben hast, kannst du deinen Text überprüfen. Vergleiche ihn dafür mit dem Text auf der linken Seite. Hast du Fehler gefunden? Das ist nicht schlimm, denn jeder macht mal Fehler. Versuche das Diktat dann einfach später noch einmal.

Auf der rechten Seite ganz unten kannst du mit deiner Fehlerzahl prüfen, wie geübt du schon bist und wie du dich geschlagen hast. Wenn du im Bereich ☹ ☹ gelandet bist, übe weiter und versuche das Diktat später noch einmal.

Inhaltsverzeichnis

1 Unterstreiche in den Sätzen alle **konkreten Nomen** gelb und alle **abstrakten Nomen** grün. Erinnere dich:

Konkrete Nomen benennen Menschen, Tiere, Pflanzen und Dinge.
Beispiel: der Tisch
Abstrakte Nomen benennen Gefühle und anderes, was wir nicht berühren können. Beispiel: die Liebe

2 Lass dir den Text diktieren. Du kannst aber auch über den Text ein Blatt Papier legen und ihn dann Stück für Stück aufdecken und abschreiben.

Die grüne Insel |

Es war einmal ein Bauer, | der hatte viele Felder. |
Dazwischen lag | ein kleiner Wald. | Zwischen Hecken, |
Büschen, | Bäumen und einer Quelle |
lebten Mäuse in Frieden | und Füchse | hatten viel Erfolg |
bei der Jagd. | Doch der Bauer, | ein reicher Mann, |
war voller Gier | und nach einem Gewitter |
sah er eine Chance, | den Wald in ein Feld |
zu verwandeln. | Ein Baum war umgefallen |
und lag als Hindernis | auf dem Weg. |
Der Bauer wollte nun | alle Bäume fällen. |
Doch die Leute in der Nähe | wollten diese Entwicklung |
nicht hinnehmen. | Sie hatten Angst, | dass die Natur |
zerstört wird | und dass die Tiere | ihre Heimat verlieren. |
Die Menschen redeten | mit dem Bauern | über die Gefahr |
für die Umwelt | und über ihre Liebe | für die grüne Insel. |
Der Mann hörte | ihren Erzählungen zu |
und spürte eine Wärme | in seinem Herzen. |
Er wusste jetzt, | was er tun würde.

Konkrete und abstrakte Nomen

Anzahl der Fehler im Diktat: 0–6 ☺ ☺ 7–12 ☺ 😐 13–17 😐 ☹ mehr als 18 ☹ ☹

1 Unterstreiche in den Sätzen alle **Nomen mit den Endungen -nis, -ung, -schaft, -heit und -keit**. Erinnere dich:

Wörter mit den Endungen **-nis, -ung, -schaft, -heit und -keit** sind Nomen.
Wir schreiben sie groß.

2 Lass dir den Text diktieren. Du kannst aber auch über den Text ein Blatt Papier legen und ihn dann Stück für Stück aufdecken und abschreiben.

Hilfe aus der Nachbarschaft |

Heute erzähle ich euch | von einem Ereignis, |
das eigentlich | in die Zeitung gehört. | Von dem Erlebnis |
hat Oma mir | bei meiner Zeugnis-Feier berichtet. |
Ihr Nachbar musste | überraschend ins Krankenhaus. |
Die Schwierigkeit lag darin, | dass er allein lebte, |
aber eine Katze hatte. | Meine Oma hörte das Tier |
in der Wohnung | vor Einsamkeit miauen. |
Sie wusste nicht, | ob der Mann | eine schwere Krankheit |
oder eine Verletzung hatte | und wann er wieder |
zurückkommen würde. | Sie machte | sich Sorgen. |
Nachdem der Mann | drei Tage weg war, | kletterte sie |
auf seinen Balkon. | Sie wollte sehen, | ob alles |
in Ordnung war. | Das Tier hatte | eine Katzenklappe |
in der Balkontür. | Weil die Wohnung |
im ersten Stock war, | konnte sie ihre neue Freiheit |
nicht ausnutzen. | Oma versorgte die Katze, | bis der Nachbar |
wieder da war. | Der Mann bezahlte danach |
voller Dankbarkeit | die Rechnung für das Futter.

Nomen mit Endungen -nis, -ung, -schaft, -heit und -keit

Anzahl der Fehler im Diktat: 0–6 ☺☺ 7–12 ☺😐 13–17 😐☹ mehr als 18 ☹☹

1 Unterstreiche in den Sätzen die **zusammengesetzten Nomen (Komposita)**. Erinnere dich:

Zusammengesetzte Nomen (Komposita) können aus **zwei Nomen, einem Adjektiv und einem Nomen** oder **aus einem Verb und einem Nomen** bestehen. Das hintere Nomen (Grundwort) legt den Artikel fest.
Beispiel: der Vogel + **das** Nest → **das** Vogelnest; **klein** + das Geld → das Kleingeld; **schlafen** + das Zimmer → das Schlafzimmer

2 Lass dir den Text diktieren. Du kannst aber auch über den Text ein Blatt Papier legen und ihn dann Stück für Stück aufdecken und abschreiben.

Das Fußballspiel |

Nach dem Abendessen | trifft sich mein Freundeskreis |
wie jeden Freitag | wieder im Bürgerpark. |
Wir spielen Fußball, | quatschen über Hausaufgaben |
und was wir | in der freiwilligen Feuerwehr |
am Wochenende machen. | Auf einmal kommt ein Mann |
auf einem Fahrrad | aus der Richtung vom Schwimmbad. |
An seinem Gepäckträger | hängen Landesflaggen |
von Frankreich und Deutschland. | Vorletzte Woche |
haben die beiden Fußballteams |
in der Europameisterschaft | gegeneinander gespielt. |
Der begeisterte Mann | bleibt bei uns stehen, |
schaut uns zu | und lobt ein fehlerfreies Abspiel, |
das zu einem Torschuss führt. | Andere Fußgänger |
bleiben jetzt auch stehen | und bei Spielschluss |
gibt es Applaus. | Der Mann mit dem Fahrrad |
bedankt sich und meint, | dass ihm unser Spiel |
mehr Spaß gemacht hätte | als das Finale im Fernsehen.

Anzahl der Fehler im Diktat: 0–6 ☺☺ 7–12 ☺😐 13–17 😐☹ mehr als 18 ☹☹

1 Unterstreiche in den Sätzen die Wörter mit den Endungen **-ig** und **-lich**. Erinnere dich:

Wörter mit den Endungen **-ig** und **-lich** sind oft Adjektive. Wir schreiben sie klein. Beispiel: eck**ig**, fröh**lich** (Aber beachte: Am Satzanfang schreibt man groß.)

2 Lass dir den Text diktieren. Du kannst aber auch über den Text ein Blatt Papier legen und ihn dann Stück für Stück aufdecken und abschreiben.

Das Geschenk |

Lukas war in seiner Schule | bei allen beliebt. |
Die Lehrkräfte mochten ihn, | weil er höflich, |
pünktlich und fleißig war. | Seine Freunde |
mochten ihn, | weil er sportlich | und mutig war. |
Aber Lukas hatte ein Geheimnis. | Er hatte |
eines Nachmittags | ein Kaninchen gefunden. |
Es war ängstlich, | hungrig und durstig gewesen. |
Im Keller seiner Eltern | hatte sich Lukas | um das Tier, |
das schmutzig war, | gekümmert. | Er wusste, |
dass niemand | das Tier vermisste. | Es gab nirgendwo |
eine Suchanzeige. | Er wusste aber auch, | dass er es |
nicht behalten konnte. | Da fiel ihm | Sabrina ein. |
Sie war meistens | freundlich und witzig, |
manchmal aber auch | unglücklich und allein. |
Lukas mochte nicht, | dass sie | traurig und einsam war. |
Eines Abends stellte er | den Karton | mit dem Kaninchen |
vor ihre Tür | und schrieb ihr | eine Nachricht, |
die herzlich war. | Nun waren beide glücklich.

Wörter mit den Endungen -ig und -lich

Anzahl der Fehler im Diktat: 0–6 ☺ ☺ 7–12 ☺ 😐 13–17 😐 ☹ mehr als 18 ☹ ☹

1 Unterstreiche in den Sätzen alle Wörter mit **Doppelkonsonanten**. Erinnere dich:

Einsilbige Wörter: Sucht man ein verwandtes Wort mit zwei Silben, kann man beim Sprechen den **Doppelkonsonanten** hören. Beispiel: fet-tig → fett
Zweisilbige Wörter: Entfernt man die Signalendung und sucht sich ein verwandtes Wort mit zwei Silben, kann man den **Doppelkonsonanten** beim Sprechen hören. Beispiel: sam-meln → Sammlung

2 Lass dir den Text diktieren. Du kannst aber auch über den Text ein Blatt Papier legen und ihn dann Stück für Stück aufdecken und abschreiben.

Warum streiten wir? |

So schlimm haben wir uns | noch nie gestritten. |
Mein Bruder und ich | spielen oft zusammen. |
Eigentlich vertragen wir uns | immer schnell wieder. |
Aber heute war alles | ein bisschen schlimmer als sonst. |
Elias wollte nicht | mit dem hellblauen Ball spielen |
und lieber bestimmen, | was wir stattdessen machen. |
Ich wollte ihn bitten, | mit mir Stadt-Land-Fluss |
zu spielen. | Aber das hätte ich | besser sein lassen sollen. |
Elias fing an zu brüllen | und auf einmal bin ich |
vor Schreck hingefallen. | Dann wurde ich wütend |
und sagte zu ihm, | dass ich ihn kein bisschen |
leiden könne | und dass wir | hoffentlich nie wieder |
zusammen etwas spielen müssen. | Danach tat uns |
diese dumme Sache | aber sehr leid. | Ich hoffe jedoch, |
wir können das alles | schnell wieder vergessen. |
Denn egal was passiert, | wir haben uns lieb.

Wörter mit Doppelkonsonanten

Anzahl der Fehler im Diktat: 0–6 ☺☺ 7–12 ☺😐 13–17 😐☹ mehr als 18 ☹☹

1 Unterstreiche in den Sätzen alle Wörter mit **Doppelkonsonanten**. Erinnere dich:

Einsilbige Wörter: Sucht man ein verwandtes Wort mit zwei Silben, kann man beim Sprechen den **Doppelkonsonanten** hören. Beispiel: fet-tig → **fett**
Zweisilbige Wörter: Entfernt man die Signalendung und sucht sich ein verwandtes Wort mit zwei Silben, kann man den **Doppelkonsonanten** beim Sprechen hören. Beispiel: sam-meln → Sammlung

2 Lass dir den Text diktieren. Du kannst aber auch über den Text ein Blatt Papier legen und ihn dann Stück für Stück aufdecken und abschreiben.

Fliegende Kartoffeln |

Mama ist immer sehr nervös, | wenn zum Abendessen |
eine Gruppe von Leuten | zu uns kommt. |
Heute war es | wieder soweit. | Nachdem alle Gäste |
angekommen waren, | passierte etwas Schlimmes: |
Als Mama den Gästen | das Essen hinstellen wollte, |
stolperte sie | am Teppich im Esszimmer. |
Dann fielen die Kartoffeln | aus der Schüssel |
und plötzlich | lagen überall Pellkartoffeln: |
auf dem Sessel, | in den Tassen, | auf der Gemüseplatte. |
Sofort schallte donnerndes Gelächter | der Gäste |
durch das Zimmer. | Papa musste sogar | so sehr lachen, |
dass ihm die Brille | von der Nase fiel. |
Mama blieb erst stumm, | doch dann begann auch sie, |
laut zu lachen. | Alle lachten. | Wir sammelten |
zusammen alle Kartoffeln wieder ein | und freuten uns, |
dass nichts kaputtgegangen war. |
Gemessen an diesem Vorfall | war der Rest |
des Abends ruhig.

Anzahl der Fehler im Diktat: 0–6 ☺☺ 7–12 ☺😐 13–17 😐☹ mehr als 18 ☹☹

1 Unterstreiche in den Sätzen alle Wörter mit **ck** gelb und alle Wörter mit **tz** grün. Erinnere dich:

Man schreibt **ck** und **tz** meist nach kurzem Vokal. Beispiel: der Sa**ck**, der Spa**tz**

2 Lass dir den Text diktieren. Du kannst aber auch über den Text ein Blatt Papier legen und ihn dann Stück für Stück aufdecken und abschreiben.

Im Bus |

Neulich fuhr ich | von meiner Oma | nach Hause zurück |
in einem kaum besetzten Bus. | Ich entdeckte |
in der Sitzreihe | schräg vor mir | einen Mann |
mit einem kleinen Päckchen | auf seinem Schoß. |
Von diesem Mann | sah ich nur den Rücken. |
Er trug eine dicke Jacke | und eine Wollmütze, |
obwohl wir im Bus | eine ziemlich starke Hitze hatten. |
Da hörte ich plötzlich | ein seltsames Kratzen |
aus dem kleinen Päckchen | aus dickem Karton. |
Der Mann drückte ihn | erst schützend an sich |
und öffnete dann | vorsichtig den Deckel. |
Die winzige Spitze | einer Hamsterschnauze |
schaute kurz neugierig | aus dem Versteck heraus. |
Das sah so witzig aus, | dass ich lachen musste. |
Der Mann sah erschrocken | zu mir herüber. |
Dann setzte er | seine Mütze ab | und zeigte mir darin |
zwei weitere Hamster. | Zuletzt sagte er, | dass er so |
die Tiere geschützt | nach Hause bringt.

Anzahl der Fehler im Diktat: 0–6 ☺☺ 7–12 ☺😐 13–17 😐☹ mehr als 18 ☹☹

1 Unterstreiche in den Sätzen alle Wörter mit **ch**, aber nicht die Wörter mit sch. Erinnere dich:

Wörter mit **ch** werden unterschiedlich ausgesprochen.
Manchmal ist das **ch** weich wie in „Mil**ch**“. Beispiel: die Fi**ch**te
Manchmal ist das **ch** rau wie in „Da**ch**“. Beispiel: der Strau**ch**

2 Lass dir den Text diktieren. Du kannst aber auch über den Text ein Blatt Papier legen und ihn dann Stück für Stück aufdecken und abschreiben.

Michaela und Rico |

Rico Schnabel | hatte seine Nichte Michaela |
immer gemocht. | Sie war nämlich | die älteste Tochter |
seiner Schwester Ricarda. | Seine Schwester war |
viel älter als er. | Michaela war ihm | ein bisschen ähnlich: |
Sie war frech | und immer fröhlich. | Sie konnte auch |
wirklich gut zeichnen | und wollte später einmal |
eine erfolgreiche Köchin werden. | An einem |
der letzten Weihnachtsabende | hatte Rico | die Familie |
seiner Schwester besucht. | Michaela hatte |
an diesem Abend | neben ihm gesessen. | Sie hatte ihm |
viele ihrer Zeichnungen gezeigt: | Bunte Striche, |
wie sie sich | den Geruch | feuchter Früchte vorstellte. |
Sie hatte | einen richtig guten Geruchssinn. |
Später beobachteten die beiden | den Nachbarn, |
der draußen | bei der Fichte stand. |
Plötzlich guckte er komisch. | Michaela lachte |
und sagte gleich darauf: | „Er kann machen, |
dass Luft riecht.“ | Da musste auch Rico | herzlich lachen.

Wörter mit ch

Anzahl der Fehler im Diktat: 0–6 ☺☺ 7–12 ☺😐 13–17 😐☹ mehr als 18 ☹☹

1 Unterstreiche in den Sätzen alle Wörter mit **ch**, aber nicht die Wörter mit sch. Erinnere dich:

Wörter mit **ch** werden unterschiedlich ausgesprochen.
Manchmal ist das **ch** weich wie in „Mil**ch**“. Beispiel: die Fi**ch**te
Manchmal ist das **ch** rau wie in „Da**ch**“. Beispiel: der Strau**ch**

2 Lass dir den Text diktieren. Du kannst aber auch über den Text ein Blatt Papier legen und ihn dann Stück für Stück aufdecken und abschreiben.

Die Tauchprüfung |

Als Rico noch klein war, | musste er einmal |
eine wichtige Prüfung schaffen. | Es gab einen Teich |
bei den Eichen, | in den er tauchen musste. |
Unter Wasser | gab es einen Gang, | durch den er |
schnell kriechen musste. | Auf der anderen Seite |
gab es auch einen Durchgang, | der wieder zurück |
an die Oberfläche führte. | Natürlich hatte er |
mehrere Wochen lang | das Tauchen geübt. |
Aber er hatte doch noch | ein bisschen Angst. |
Endlich war es dann soweit. | Alle Nachbarn waren da |
und natürlich auch | seine gesamte Familie. |
Dicht unter der Wasseroberfläche | war es noch hell, |
jedoch wurde es bald dunkel. | Dann sah er |
den Gang vor sich. | Rico kroch einfach hindurch. |
Danach fühlte er sich | deutlich besser. | Als er wieder |
oben ankam, | jubelten alle | und sein Papa warf ihn |
hoch in die Luft. | Rico fühlte sich | ganz leicht |
und glücklich.

Anzahl der Fehler im Diktat: 0–6 ☺☺ 7–12 ☺😐 13–17 😐☹ mehr als 18 ☹☹

1 Unterstreiche in den Sätzen alle Wörter mit **Sp / sp** gelb und alle Wörter mit **St / st** grün. Erinnere dich:

Wörter mit **Sp / sp** werden zwar „schp“ gesprochen, aber nur mit **Sp / sp** geschrieben. Beispiel: der **Sp**ort, **sp**ielen
Wörter mit **St / st** werden zwar „scht“ gesprochen, aber nur mit **St / st** geschrieben. Beispiel: der **St**ein, **st**olz

2 Lass dir den Text diktieren. Du kannst aber auch über den Text ein Blatt Papier legen und ihn dann Stück für Stück aufdecken und abschreiben.

Spiros Spezialbrot |

In der Schule | gab es heute Frühstück. |
Alle brachten etwas mit. | Zum Beispiel hatte ich |
Spitzpaprika und Strauchtomaten dabei. | Die Tische |
waren schön geschmückt | mit Servietten aus Stoff |
und einem Strauß Blumen. | Wir warteten auf Spiro, |
der zu spät kam, | sprachen außerdem |
über die anstehende Sportstunde | und hatten Spaß. |
Endlich war Spiro da | und legte ein Stangenbrot |
neben einen stark riechenden Käse. | Er ignorierte |
den strengen Blick | der Lehrerin Frau Spange. |
Er ließ sich | auf einen Stuhl fallen | und strahlte alle an. |
Als Frau Spange jedoch | das Brot aufschneiden wollte, |
zersprang ihr Messer. | Alle wurden still |
und starrten zu ihr. | Dann lachten | ein paar Kinder. |
Spiro hatte ihr | einen Streich gespielt. | Das Brot war |
aus Salzteig und steinhart. | Spiro musste versprechen, |
so etwas | nie wieder zu machen | und zur Strafe danach |
den Stapel Teller | und das Besteck | allein abwaschen.

Wörter mit Sp/sp und St/st

Anzahl der Fehler im Diktat: 0–6 ☺☺ 7–12 ☺😐 13–17 😐☹ mehr als 18 ☹☹

1 Unterstreiche in den Sätzen alle Wörter, die auf **d** oder **t** enden gelb, die auf **g** oder **k** enden grün und die auf **b** oder **p** enden rot. Unterstreiche nicht die Wörter „ist", „und" sowie „hat". Erinnere dich:

Wenn du das Wort verlängerst, kannst du besser hören, ob du **d** oder **t**, **g** oder **k** sowie **b** oder **p** schreiben musst. Beispiel: Ban? → Bänder → Ban**d**; Bur? → Burgen → Bur**g**; Die? → Diebe → Die**b**

2 Lass dir den Text diktieren. Du kannst aber auch über den Text ein Blatt Papier legen und ihn dann Stück für Stück aufdecken und abschreiben.

Blind vertrauen |

Pia ist meine Frisörin. | Heute Mittag habe ich |
einen Termin bei ihr. | Ich freue mich, |
wenn die neue Frisur | fertig ist. | Pia ist immer lieb. |
Sie kann | sehr gut zuhören. | Ihre Haare strahlen blond. |
Im Sommer | hat sie regelmäßig | ein Kleid an, |
das bunt ist. | Sie hört auch häufig | tolle Musik. |
Pia ist eine besondere Frisörin, | denn sie ist blind. |
Sie fand aber trotzdem | einen Weg, | Erfolg als Frisörin |
zu haben. | Sie kann nämlich | jede Frisur | mit ihrer Hand |
genau ertasten. | Da sie viel geübt hat | und mutig war, |
schaffte sie es, | ihr Hobby in einem Betrieb |
zum Beruf zu machen. | Sogar in einer Zeitschrift |
stand schon einmal | etwas über sie. | Ich mag sie sehr. |
Meine Haare | sehen immer gut aus |
und es kostet | nicht viel Geld. | Deshalb gehe ich |
gern zu ihr. | Vielen Dank, Pia!

Auslautverhärtung: d/t, g/k, b/p, verlängern

Anzahl der Fehler im Diktat: 0–6 🙂🙂 7–12 🙂😐 13–17 😐🙁 mehr als 18 🙁🙁

1 Unterstreiche in den Sätzen alle Wörter, die auf **d** oder **t** enden gelb, die auf **g** oder **k** enden grün und die auf **b** oder **p** enden rot. Unterstreiche nicht die Wörter „hat“ und „mit“. Erinnere dich:

Wenn du das Wort verlängerst, kannst du besser hören, ob du **d** oder **t**, **g** oder **k** sowie **b** oder **p** schreiben musst. Beispiel: Ban? → Bänder → Ban**d**; Bur? → Burgen → Bur**g**; Die? → Diebe → Die**b**

2 Lass dir den Text diktieren. Du kannst aber auch über den Text ein Blatt Papier legen und ihn dann Stück für Stück aufdecken und abschreiben.

Das Kind in der Burg |

Im letzten Urlaub | hat Finn mit seinen Eltern |
einen Ausflug gemacht. | Sie besichtigten eine Burg, |
die auf einem kleinen Berg | in einem Wald stand, |
der alt | aber gleichzeitig hübsch aussah. | Sie waren |
mit dem Fahrrad gekommen | und oben in der Ruine |
war es windig. | Finn machte noch Fotos. | Ein Flugzeug |
flog gerade am Horizont. | Da merkte er, | dass niemand |
mehr da war. | Wie sollte er allein | den Weg |
wieder hinaus finden? | Während er aufgeregt |
durch die Gänge wanderte, | traf er ein Kind |
in einem Kleid, | das halb gelb, | halb rot | gemustert war. |
Das Kind war ganz allein, | zeigte Finn aber den Weg. |
Finn lief eilig voraus. | Das Kind | blieb dicht hinter ihm. |
Er wollte dem Kind | noch seinen Dank zeigen, |
aber als er sich umdrehte, | war niemand mehr |
zu sehen.

Auslautverhärtung: d/t, g/k, b/p, verlängern

Anzahl der Fehler im Diktat: 0–6 ☺ ☺ 7–12 ☺ 😐 13–17 😐 ☹ mehr als 18 ☹ ☹

1 Unterstreiche in den Sätzen alle Wörter, die auf **d** oder **t** enden gelb, die auf **g** oder **k** enden grün und die auf **b** oder **p** enden rot. Unterstreiche nicht das Wort „und“ sowie „litt“. Erinnere dich:

Wenn du das Wort verlängerst, kannst du besser hören, ob du **d** oder **t**, **g** oder **k** sowie **b** oder **p** schreiben musst. Beispiel: Ban? → Bänder → Ban**d**; Bur? → Burgen → Bur**g**; Die? → Diebe → Die**b**

2 Lass dir den Text diktieren. Du kannst aber auch über den Text ein Blatt Papier legen und ihn dann Stück für Stück aufdecken und abschreiben.

Der Laub-Zwerg |

Der Laub-Zwerg war wahrscheinlich |
der einzige Superheld | in Deutschland. |
Am Tag war Timon | ein normaler Junge. |
Doch immer am Abend | vor einer Vollmondnacht |
wurde er | in einen Helden verwandelt. |
Als Held war er | nur noch | so groß wie ein Zwerg, |
aber seine Kraft | stieg ungeheuerlich stark an. |
Dazu erhielt er | einen Zaubermantel. |
Bei Gefahr | konnte er sich vollständig |
darunter verbergen. | Dann sah es so aus, |
als läge dort | ein Berg aus Laub. | Sein Gegenspieler |
war der Meisterdieb Salomon. | Dieser war sehr klug |
sowie gerissen | und er hatte schon |
so manches Pferd gestohlen. | Doch Salomons Wut, |
unter der er ständig litt, | stand ihm meist im Weg. |
Deshalb hatte der Laub-Zwerg | den Dieb Salomon |
schon sehr häufig besiegt. | Wird Salomon |
irgendwann dazulernen?

Auslautverhärtung: d/t, g/k, b/p, verlängern

Anzahl der Fehler im Diktat: 0–6 ☺☺ 7–12 ☺😐 13–17 😐☹ mehr als 18 ☹☹

1 Unterstreiche in den Sätzen alle Wörter mit **silbentrennendem h**. Erinnere dich:

Wenn man das Wort verlängert, kann man das **silbentrennende h** hören.
Beispiel: das **Geweih** → viele Geweihe, er blüht → blühen

2 Lass dir den Text diktieren. Du kannst aber auch über den Text ein Blatt Papier legen und ihn dann Stück für Stück aufdecken und abschreiben.

Schuhe für den Uhu |

Mara schleicht sich | morgens in der Frühe |
ins Wohnzimmer, | um fernzusehen. | Es macht ihr |
keine Mühe, | manchmal früher aufzustehen. |
Im Fernsehen | läuft nun Maras Lieblingssendung. |
Heute soll es darin | um einen blühenden, |
glühenden Zauberwald gehen, | in welchem Kühe, |
Rehe und andere Tiere zusammenleben. |
Sie muss den Ton | ganz leise drehen, |
damit ihre Eltern | nicht aufwachen, |
auch wenn sie dann | nicht alles verstehen kann, |
was gesagt wird. | In der Folge heute |
hat ein Uhu Geburtstag | und eine der Kühe |
möchte ihm | ein paar Schuhe schenken. |
Das ist aber ungeheuer schwer, | denn sie kennt |
die Größe seiner Schuhe nicht | und sie kann ihn |
immer nur barfuß sehen. | Nach langem Abmühen |
wird ihr klar, | dass er niemals | Schuhe anziehen wird. |
Trotzdem freut er sich sehr | über ihre Mühe.

Anzahl der Fehler im Diktat: 0–6 ☺☺ 7–12 ☺😐 13–17 😐☹ mehr als 18 ☹☹

1 Unterstreiche in den Sätzen die Wörter mit **ß**. Erinnere dich:

Wir schreiben oft ein Wort mit **ß**, wenn der Vokal (Selbstlaut) oder der Umlaut davor lang gesprochen wird oder wenn ein Diphtong (Zwielaut) davorsteht. Beispiel: Fu**ß**, Grö**ß**e, Flei**ß**

2 Lass dir den Text diktieren. Du kannst aber auch über den Text ein Blatt Papier legen und ihn dann Stück für Stück aufdecken und abschreiben.

Der Fußball |

Draußen war es | immer noch heiß |
und Mama bat Leon, | die Blumen im Garten |
zu gießen. | Besonders der große Strauch |
mit den weißen Blüten, | von dem er nicht wusste, |
wie er heißt, | brauchte viel Wasser. |
Leon hatte keine Lust, | denn das würde ihm |
keinen Spaß machen | und außerdem war es |
ihm auch zu heiß. | Schließlich fielen ihm |
keine Ausreden mehr ein | und er tat dann, |
was er tun musste. | Doch wie groß | war die Freude, |
als er entdeckte, | was hinter dem Strauch lag: |
Da war sein Fußball! | Er wusste noch, | dass er ihn |
vorgestern verschossen hatte. |
Anschließend hatte er | ihn nicht mehr finden können. |
Leon begrüßte ihn | wie einen alten Freund |
und gab danach | den süß riechenden Blumen |
als Dank | noch etwas mehr Wasser.

Anzahl der Fehler im Diktat: 0–6 ☺☺ 7–12 ☺😐 13–17 😐☹ mehr als 18 ☹☹

1 Unterstreiche in den Sätzen alle Wörter mit **O/o** und **ö** gelb und alle Wörter mit **u** und **ü** grün. Unterstreiche nicht die Wörter „und“, „oder“, „über“, „überall“, „nur“, „schon“, „von“ und „also“. Erinnere dich:

Aus **u** und **o** in der Einzahl wird oft **ü** und **ö** in der Mehrzahl.
Beispiel: der Fuchs → die Füchse; der Frosch → die Frösche
Manchmal wird das **o** oder **u** von Nomen zu **ö** oder **ü** bei abgeleiteten Verben.
Beispiel: das Futter → füttern; der Schutz → schützen
Auch bei Steigerungsformen wird aus **o** und **u** häufig **ö** und **ü**.
Beispiel: groß → größer; jung → jünger

2 Lass dir den Text diktieren. Du kannst aber auch über den Text ein Blatt Papier legen und ihn dann Stück für Stück aufdecken und abschreiben.

Kochen Hühner für Füchse? |

Es war einmal | eine Familie von jungen Hühnern, |
die überall | als großartige Köche | bekannt waren. |
Sie waren immer pünktlich, | fröhlich und natürlich |
priesen alle ihr Essen | in den höchsten Tönen. |
Sie hatten schon | an vielen Orten gekocht: |
In Schlössern, | in Dörfern, | in Höfen, |
in den größten Höhlen | und in kleinsten Sümpfen. |
Und stets halfen alle mit: | Die jüngsten Söhne |
machten sich nützlich, | während die anderen |
schnell über die Böden flitzten, |
Käseblöcke klein schnitten, | Nüsse hackten |
oder Brötchen backten. | Eines Tages wurden sie |
von Füchsen eingeladen. | Die Hühner begrüßten dies, |
hatten aber genügend Erfahrungen |
mit Raubtieren | wie Füchsen oder Wölfen, |
um wachsam zu sein. | Was glaubst du: |
Was haben sie getan?

Ableiten: Umlaute O/o → Ö/ö, U/u → Ü/ü

Anzahl der Fehler im Diktat: 0–6 ☺☺ 7–12 ☺😐 13–17 😐☹ mehr als 18 ☹☹

1 Unterstreiche in den Sätzen alle Wörter mit **A/a** und **Ä/ä** gelb und alle Wörter mit **Au/au** und **Äu/äu** grün. Unterstreiche nicht „klapperten“ und „kann“. Erinnere dich:

Aus **A/a** und **Au/au** in der Einzahl wird oft **Ä/ä** und **Äu/äu** in der Mehrzahl.
Beispiel: der **A**rzt → die **Ä**rzte; das Kr**au**t → die Kr**äu**ter
Bei Verben wird aus **a** in der Grundform oft **ä** in der du-Form und in der er-Form.
Beispiel: tr**a**gen → du tr**ä**gst → er tr**ä**gt
Bei Steigerungsformen wird aus **a** häufig **ä**.
Beispiel: h**a**rt → h**ä**rter. Bei **au** jedoch nicht. Beispiel: l**au**t → l**au**ter

2 Lass dir den Text diktieren. Du kannst aber auch über den Text ein Blatt Papier legen und ihn dann Stück für Stück aufdecken und abschreiben.

Wilde Träume |

Bibo liegt erkältet im Bett. | Sie war heute |
bei einer netten Ärztin, | die ihr vieles |
erklärt hat: | „Am besten schläfst du viel, |
trinkst heiße Getränke | und nimmst Bäder mit Kräutern. |
Du musst nicht ängstlich sein, | die Erkrankung |
ist nicht sehr gefährlich. | In einigen Tagen hast du |
deine alte Stärke zurück | und wirst wieder |
mit dem Rad | durch die Wälder | oder Städte fahren.“ |
Bibos Stirn glänzte | mit Fieberschweiß, |
trotzdem quälte sie eine Kälte, | die nicht wirklich |
in den Räumen war. | Ihre Zähne klapperten. |
Bibo schlief ein und träumte: | Gänse mit Händen |
löschten Brände | mit Schwämmen und Fußbällen, |
bauten Wäscheschränke | und kämpften gegen Jäger |
in einem Gewächshaus. | Bibo erzählte ihren Eltern |
von den Träumen. | Ihr wurde wieder wärmer |
und sie fühlte sich besser. | Auf solche Nächte |
kann sie gern verzichten.

Ableiten: Umlaute A/a → Ä/ä, Au/au → Äu/äu

Anzahl der Fehler im Diktat: 0–6 ☺☺ 7–12 ☺😐 13–17 😐☹ mehr als 18 ☹☹

1 Unterstreiche in den Sätzen alle Wörter mit **A/a** und **Ä/ä** gelb und alle Wörter mit **Au/au** und **Äu/äu** grün. Unterstreiche nicht „auf" und „davon". Erinnere dich:

Aus **A/a** und **Au/au** in der Einzahl wird oft **Ä/ä** und **Äu/äu** in der Mehrzahl.
Beispiel: der **A**rzt → die **Ä**rzte; das Kr**au**t → die Kr**äu**ter
Bei Verben wird aus **a** in der Grundform oft **ä** in der du-Form und in der er-Form.
Beispiel: tr**a**gen → du tr**ä**gst → er tr**ä**gt
Bei Steigerungsformen wird aus **a** häufig **ä**.
Beispiel: h**a**rt → h**ä**rter. Bei **au** jedoch nicht. Beispiel: **l**au**t** → **l**au**ter**

2 Lass dir den Text diktieren. Du kannst aber auch über den Text ein Blatt Papier legen und ihn dann Stück für Stück aufdecken und abschreiben.

Reisepläne |

Ich besitze viele tolle Pläne | für meine Zukunft, |
wenn ich älter bin. | Bevor ich vielleicht ein Verkäufer, |
ein Bäcker | oder ein Ernährungsberater werde, |
will ich | mit sehr wenig Wäsche | und Gepäck |
viele Länder bereisen, | die schönsten Plätze |
der Welt sehen | und die wundervollen Schätze |
meiner Umwelt kennenlernen. | Ich will in großen Häfen |
Reisende treffen, | die tolle Geschichten erzählen. |
Ich will viele Märkte sehen, | mich dort |
durch dichte Menschenmengen drängeln |
und exotische, | bunte Blumensträuße kaufen. |
Ich will hohe Gebäude | und schöne Räume sehen. |
Ich will | die Kälte der Wälder | und die Wärme |
des Meeres spüren. | Davon träume ich täglich |
und in einigen Nächten. | In diesen Träumen |
bin ich ein Fußgänger | auf Wolkenrändern |
und blicke glücklich | zu den fremden Städten |
und den Bergen hinunter.

Ableiten: Umlaute A/a → Ä/ä, Au/au → Äu/äu

Anzahl der Fehler im Diktat: 0–6 7–12 13–17 mehr als 18

1 Unterstreiche in den Sätzen alle Wörter mit **i** gelb und alle Wörter mit **ie** grün. Unterstreiche keine Wörter mit ei. Erinnere dich:

Kommt in der ersten Silbe nach dem Vokal noch mindestens ein weiterer Buchstabe, dann wir das Wort mit **i** geschrieben. Beispiel: H**i**t-ze
Kommt in der ersten Silbe nach dem Vokal kein weiterer Buchstabe, dann wird das Wort mit **ie** geschrieben. Beispiel: K**ie**-fer
Bei einsilbigen Wörtern hilft es dir, wenn du ein verwandtes zweisilbiges Wort findest. Beispiel: das T?r → die T**ie**-re → das T**ie**r
Achtung: Manchmal lässt sich ein Wort sowohl gelb als auch grün unterstreichen.

2 Lass dir den Text diktieren. Du kannst aber auch über den Text ein Blatt Papier legen und ihn dann Stück für Stück aufdecken und abschreiben.

Genießen Füchse Süßigkeiten? |

Es war einmal | eine Gruppe von Füchsen, |
die oft Kriege | gegen die Hühner geführt | und sie oft |
besiegt hatte. | Doch diese schwierige Vergangenheit |
lag schon lange hinter ihnen | und mittlerweile |
wollten die Füchse | lieber gutes Essen | und neue |
Köstlichkeiten genießen | sowie niemals wieder |
den Frieden | mit den anderen Tieren riskieren. |
Die Füchse hörten | von einer Gruppe von Hühnern, |
die viele für | die besten Köche hielten. | Die Füchse |
schrieben ihnen einen Brief | und luden sie ein. |
Schließlich folgten die Hühner | der Bitte |
und es wurde | ein riesiges Fest. | Sie kochten Kürbisse, |
brieten Pilze und Zwiebeln, | schnitten Radieschen |
und Sellerie | und alles war | raffiniert gewürzt. |
Es gab Kuchen mit Pfirsichen, | Pudding mit Kirschen |
und andere tolle Süßigkeiten, die viele Gäste |
probieren wollten. | Das Fest war | ein tolles Erlebnis |
und alle wollten | es bald wiederholen.

Anzahl der Fehler im Diktat: 0–6 ☺☺ 7–12 ☺😐 13–17 😐☹ mehr als 18 ☹☹

1 Unterstreiche in den Sätzen alle Wörter mit **i** gelb und alle Wörter mit **ie** grün. Unterstreiche keine Wörter mit ei. Erinnere dich:

Kommt in der ersten Silbe nach dem Vokal noch mindestens ein weiterer Buchstabe, dann wir das Wort mit **i** geschrieben. Beispiel: H**i**t-ze
Kommt in der ersten Silbe nach dem Vokal kein weiterer Buchstabe, dann wird das Wort mit **ie** geschrieben. Beispiel: K**ie**-fer
Bei einsilbigen Wörtern hilft es dir, wenn du ein verwandtes zweisilbiges Wort findest. Beispiel: das T?r → die T**ie**-re → das T**ie**r

2 Lass dir den Text diktieren. Du kannst aber auch über den Text ein Blatt Papier legen und ihn dann Stück für Stück aufdecken und abschreiben.

Nicht friedlich |

Ich liege in meinem Garten | und genieße die Sonne. |
Mein Hund ist auch hier, | aber er jagt die Fische |
im Teich | oder die Schmetterlinge | bei den Fichten |
und den Kiefern. | Kleine Wolken ziehen friedlich |
über uns hinweg, | es weht nur wenig Wind. |
Auf einmal | höre ich die Klingel. | Es ist die Nachbarin. |
Sie schimpft mit mir, | ich müsse die Blumen gießen, |
die Stiele seien schon fleckig | und die Blumen |
ließen schon die Köpfe hängen. |
Außerdem wollte mir | die Nachbarin verbieten, |
dass mein Hund ohne Leine | im Garten herumläuft. |
Er könne | unter dem Zaun hindurchkriechen, |
denn der sei | nicht tief genug. | Ich sage ihr ins Gesicht, |
dass sie das alles | nichts angehe | und dass ich |
nur der Mieter sei. | Da grinst sie schief | und geht. |
Ich wünsche mir, | sie hätte geschwiegen.

Anzahl der Fehler im Diktat: 0–6 ☺ ☺ 7–12 ☺ 😐 13–17 😐 ☹ mehr als 18 ☹ ☹

1 Unterstreiche in den Sätzen alle Wörter mit **i** bei einer offenen Silbe und alle Wörter mit **-ine**. Unterstreiche keine Wörter mit ie und ei. Erinnere dich:

Einige Wörter mit langem **i** schreibt man nur mit **i**. Wörter mit **i** bei einer offenen Silbe und **-ine** kommen meist aus einer anderen Sprache. Du musst sie dir merken, da es für sie keine Regel gibt. Beispiel: der Biber (Bi-ber), die Cousine

2 Lass dir den Text diktieren. Du kannst aber auch über den Text ein Blatt Papier legen und ihn dann Stück für Stück aufdecken und abschreiben.

Ricos Maschine |

Ricos Cousine Raschida | hat bald Geburtstag |
und er will ihr | etwas ganz Besonderes schenken. |
Vielleicht ein neues Lineal | oder eine Pyramide |
aus Mandarinen? | Plötzlich hat er | eine prima Idee |
für eine Maschine, | die er seiner Cousine |
schenken könnte. | In seiner Vorstellung |
kann das Gerät viele Dinge, | wie zum Beispiel |
Musik abspielen wie ein Radio | oder ein Taxi rufen |
oder sogar im Internet nachschauen, |
welche Filme im Kino laufen | oder auch, | ob Igel |
mit Bibern verwandt sind | und wie weit Afrika |
und Amerika auseinanderliegen. | Da fällt Rico ein, |
dass sie so ein Gerät | schon besitzt. | Die Familie |
hat ihr letztes Jahr | ein Mobiltelefon geschenkt, |
das all diese Dinge kann. | Rico überlegt weiter: |
dann vielleicht doch lieber Pralinen, | eine Sardine, |
eine neue Gardine, | eine Vitrine oder doch |
den Besuch einer Burgruine?

Fremdwörter und Merkwörter mit i und -ine

Anzahl der Fehler im Diktat: 0–6 ☺ ☺ 7–12 ☺ 😐 13–17 😐 ☹ mehr als 18 ☹ ☹

1 Unterstreiche in den Sätzen alle Wörter mit **vokalisiertem r**. Erinnere dich:

Ein **vokalisiertes r** kommt nur entweder nach einem lang gesprochenen Vokal oder am Wortende als -er/-ert/-ern/-rst-Endung vor. Beispiel: Durst

2 Lass dir den Text diktieren. Du kannst aber auch über den Text ein Blatt Papier legen und ihn dann Stück für Stück aufdecken und abschreiben.

Süß, | durstig, | mit schwarzen Haaren |

Meine Eltern und ich | besuchen unsere Nachbarn. |
Er arbeitet bei der Feuerwehr | und sie im Bürgerbüro. |
Aber vor ein paar Tagen | haben sie im Krankenhaus |
ein Kind bekommen | und durften nach Hause gehen, |
nachdem der Arzt erklärt hatte, | es sei wirklich |
alles in Ordnung. | Mama konnte es kaum erwarten |
und das ganze Dorf | freute sich wirklich | für das Paar. |
Wir haben Erdbeeren dabei | und ich muss versprechen, |
sehr vorsichtig und leise zu sein. |
Wir sind die ersten Besucher | seit der Geburt |
und Mama darf sogar | das Baby | auf dem Arm halten. |
Es hat | ganz schwarze Haare, |
aber noch keinen Vornamen. | Es ist so schwer, |
den richtigen Namen zu finden, | meinen sie. |
Dann wird das Baby durstig | und schreit laut. |
Es will zu seiner Mama. | Wir versprechen, |
bald wiederzukommen | und gehen nach Hause.

Anzahl der Fehler im Diktat: 0–6 ☺☺ 7–12 ☺😐 13–17 😐☹ mehr als 18 ☹☹

1 Unterstreiche in den Sätzen alle Wörter mit **vokalisiertem r**. Erinnere dich:

Ein **vokalisiertes r** kommt nur entweder nach einem lang gesprochenen Vokal oder am Wortende als -er / -ert / -ern / -rst-Endung vor. Beispiel: Durst

2 Lass dir den Text diktieren. Du kannst aber auch über den Text ein Blatt Papier legen und ihn dann Stück für Stück aufdecken und abschreiben.

Die Traumreise |

Unser Chorleiter | macht mit uns eine Traumreise |
und erzählt: | „Du darfst die Augen schließen. |
Du bist in der Natur | auf einem Berg. | Die Erde |
riecht sehr stark | und die Luft ist warm. |
Du gehst vorbei | an Kirschbäumen | und du hörst |
in der Ferne Kirchenglocken. | Da merkst du |
eine immer stärker werdende Brise |
aus dem Nirgendwo. | Sie riecht nach Meer |
und Urlaub, | aber auch ein bisschen | nach Sturm. |
Dort vor dir | steht ein Pferd. | Du versuchst, |
dich vorsichtig zu nähern. | Du willst es |
nicht erschrecken. | Leise flüsterst du ihm zu |
und streichelst seine Stirn. | Du schwingst dich |
auf seinen Rücken | und ihr reitet | über einen Markt |
zu einer Burg. | Der Platz ist leer, | aber du findest |
eine Tür. | Du gehst neugierig hindurch |
und nach ein paar Sekunden | bist du wieder hier.“

Wörter mit vokalisiertem r

Anzahl der Fehler im Diktat: 0–6 ☺☺ 7–12 ☺😐 13–17 😐☹ mehr als 18 ☹☹

1 Unterstreiche in den Sätzen alle Wörter mit **V/v**. Erinnere dich:

Die Wörter **Vogel** und **Vase** werden zwar beide mit **V** geschrieben, aber das **V** wird unterschiedlich ausgesprochen. Darum musst du dir Wörter mit **V/v** merken. Beispiel: die **V**orsicht, jedoch der **V**ulkan

2 Lass dir den Text diktieren. Du kannst aber auch über den Text ein Blatt Papier legen und ihn dann Stück für Stück aufdecken und abschreiben.

Vielleicht das schönste Jahresende |

In der Adventszeit | und am Jahresende |
ist die Vorfreude | auf die Familienfeiern | sehr groß. |
Alle Verwandten | kommen zusammen. |
Wir spielen dann immer | viele verschiedene Spiele |
wie zum Beispiel | „Vier gewinnt“ oder Verstecken. |
An diesen Tagen | ist das Haus voll, | der Kühlschrank |
wird jedoch | vollständig leer gegessen | und alle |
bleiben zusammen | bis zum Neujahrstag |
nach Silvester. | In vielen Familien, | auch bei uns, |
gibt es zu dieser Zeit | schön verpackte Geschenke. |
Mein Vater bekommt | eine Vase in Veilchenblau. |
Meine Mutter freut sich | über den neuen Pullover |
in Olivgrün | und mein Onkel | schenkt mir |
einen Vulkan | für mein Klemmbausteine-Set. |
Weil ich brav gewesen sei, | sagt er und lacht. |
Oma wird auch nicht vergessen. | Sie bekommt |
ein Video | vom neuen Detektiv-Valentin-Film. |
Ich kann mir vorstellen, | dass vielleicht nicht alle |
ein so schönes Jahresende haben.

Anzahl der Fehler im Diktat: 0–6 ☺☺ 7–12 ☺😐 13–17 😐☹ mehr als 18 ☹☹

1 Unterstreiche in den Sätzen alle Wörter mit **Dehnungs-h**. Erinnere dich:

Das **Dehnungs-h** tritt nur nach langem Vokal auf und steht meistens vor l, m, n oder r. Es verlängert einen Vokal. Beispiel: Ja**h**r; erzä**h**len; kü**h**l

2 Lass dir den Text diktieren. Du kannst aber auch über den Text ein Blatt Papier legen und ihn dann Stück für Stück aufdecken und abschreiben.

Unterwegs mit Papa |

Ruben und sein Papa | fahren heute |
direkt nach dem Frühstück | mit den Fahrrädern los. |
Vater und Sohn | kommen sehr gut voran |
und gegen Mittag | sind sie | bei der alten Mühle. |
Der Lohn der ersten Strecke | ist nicht nur |
ein toller Ausblick, | sondern auch | ein nahrhaftes Essen |
und die Erzählungen | des alten Mannes, |
der dort wohnt und kocht. | Früher sei er auch oft |
mit dem Drahtesel | unterwegs gewesen, |
erzählt er fröhlich, | und Papa klärt Ruben auf, |
dass damit | ein Fahrrad gemeint sei. |
Ungefähr um zwei Uhr | fahren die beiden weiter, |
denn um diese Jahreszeit | wird es schnell kühl. |
Prahlerisch fordert Ruben | seinen Papa |
zu einem Wettkampf heraus. | Er zählt bis zehn, |
dann rasen sie los. | Doch mühelos zieht Papa |
an ihm vorbei | und ruft dabei noch: | „Bahn frei!“ |
Schon ist er | schnell wie die Feuerwehr |
an Ruben vorbeigefahren.

Anzahl der Fehler im Diktat: 0–6 ☺ ☺ 7–12 ☺ 😐 13–17 😐 ☹ mehr als 18 ☹ ☹

1 Unterstreiche in den Sätzen alle Wörter mit **Dehnungs-h**. Erinnere dich:

Das **Dehnungs-h** tritt nur nach langem Vokal auf und steht meistens vor l, m, n oder r. Es verlängert einen Vokal. Beispiel: Jahr; erzählen; kühl

2 Lass dir den Text diktieren. Du kannst aber auch über den Text ein Blatt Papier legen und ihn dann Stück für Stück aufdecken und abschreiben.

Der Müllerssohn und das Huhn |

Es war einmal ein Müllerssohn, | der wollte nicht |
für den Rest seines Lebens | Korn mahlen. |
Er hatte das Gefühl, | es sei kein Fehler, |
in die Welt hinauszuwandern | und zu sehen, |
ob er nicht etwas anderes | für sich fände. |
So nahm er Abschied | von seinen Eltern. |
Er führte auch | ein Huhn mit sich, |
das saß | auf seiner Schulter, |
gackerte in sein Ohr | und fühlte sich sehr wohl. |
Doch der Müllerssohn | hatte kein Glück |
und so fand er sich | gegen Weihnachten allein, |
traurig und hungrig | in einer Höhle wieder. |
Eigentlich hatte er damals | das Huhn |
als Nahrung mitgenommen. | Aber er musste |
sich ehrlich eingestehen, | dass es mittlerweile |
sein Freund geworden war. | Er wollte |
lieber hungern, | als sich von ihm | zu ernähren. |
So beschloss er, | nicht mehr zu wandern |
und zurück zur Mühle | seines Vaters zu gehen.

Wörter mit Dehnungs-h/stummem h

Anzahl der Fehler im Diktat: 0–6 ☺☺ 7–12 ☺😐 13–17 😐☹ mehr als 18 ☹☹

1 Unterstreiche in den Sätzen alle Wörter mit **Doppelvokal**. Erinnere dich:

Es gibt nur wenige Wörter mit **Doppelvokalen**. Merke sie dir.
Beispiel: das Meer

2 Lass dir den Text diktieren. Du kannst aber auch über den Text ein Blatt Papier legen und ihn dann Stück für Stück aufdecken und abschreiben.

Das Paar im Erdbeerboot |

Timon spielt | mit seiner kleinen Schwester Tiara |
im Sandkasten. | Sie hat | zwei kleine Puppen dabei. |
Die eine Puppe | ist ihre Fee | und die andere Puppe |
ist ihr weicher Schneemann | zum Kuscheln. |
Zuerst fahren die beiden Puppen |
gemeinsam im Sandkasten | über das Meer aus Sand. |
Sie sitzen dafür | in einem Sandförmchen, |
das aussieht | wie eine Erdbeere. | Dieses Förmchen |
soll das Boot | für die beiden Puppen sein. |
Danach bauen Timon und Tiara | ein kleines Moor |
aus ein paar Stückchen Moos. |
Dann hat Timon die Idee, | einen Zoo zu bauen, |
aber seine Schwester | findet das doof. | Sie will lieber |
einen leeren Saal zum Tanzen | mit Tee, | Kaffee, |
Törtchen mit Beeren | und Waffeln. |
Timon würde es niemals zugeben, | aber es macht ihm |
sehr viel Spaß, | mit seiner Schwester zu spielen |
und ihre Ideen | im Sand zu bauen.

Anzahl der Fehler im Diktat: 0–6 ☺ ☺ 7–12 ☺ 😐 13–17 😐 ☹ mehr als 18 ☹ ☹

1 Unterstreiche in den Sätzen alle Wörter mit **ä**. Unterstreiche keine Wörter mit äu. Erinnere dich:

> Zu manchen Wörtern mit **ä** gibt es kein verwandtes Wort mit a.
> Du musst dir die Wörter merken. Beispiel: der K**ä**se; n**ä**mlich; g**ä**hnen

2 Lass dir den Text diktieren. Du kannst aber auch über den Text ein Blatt Papier legen und ihn dann Stück für Stück aufdecken und abschreiben.

Der Käfer und der Käfig |

Rico ist zu spät | für die Vorstellung | und ärgert sich |
deswegen sehr. | Seine Freundin Erika |
tanzt mit anderen Mädchen | das Ballett |
mit dem Namen | „Der Käfer und der Käfig“. |
Er will keinen Lärm machen | und wartet draußen |
vor dem Saal | auf eine Gelegenheit, |
um hineinzugehen. | Während der Pause |
trifft er Erika | und entschuldigt sich |
für seine Verspätung. | Es sei ihm ein Rätsel, |
warum er so viel später | erst losfahren konnte, |
denn dies sei nämlich | gar nicht seine Art. |
Er hatte nur den Käse | nach Farbe sortieren wollen |
und dabei die Zeit | aus den Augen verloren. |
Erika ist ihm ungefähr | für sieben Sekunden böse, |
dann muss sie so lachen, | dass ihr sogar |
die Tränen kommen. | Sie kann ihm |
einfach nicht böse sein.

Native Wörter mit ä

Anzahl der Fehler im Diktat: 0–6 ☺ ☺ 7–12 ☺ 😐 13–17 😐 ☹ mehr als 18 ☹ ☹

Wörter mit Eu/eu

1 Unterstreiche in den Sätzen alle Wörter mit **Eu/eu**. Erinnere dich:

Ob ein Wort mit **Eu/eu** oder **Äu/äu** geschrieben wird, erkennst du durch Ableiten von einem verwandten Wort: Ein Wort wird also mit **Eu/eu** geschrieben, wenn es noch ein weiteres verwandtes Wort mit **Eu/eu** gibt. Beispiel: fr?ndlich → der Freund → freundlich

2 Lass dir den Text diktieren. Du kannst aber auch über den Text ein Blatt Papier legen und ihn dann Stück für Stück aufdecken und abschreiben.

Die Moorfreunde |

Moore sind | ungeheuer wichtige Feuchtgebiete |
in Deutschland und Europa. |
Wissenschaftler geben ihnen | ein Zeugnis als |
wichtige Helfer im Klimaschutz. | Aber heutzutage |
sind die meisten Moore | entwässert und gefährdet. |
Früher wurde dort | Torf zum Verfeuern gewonnen. |
Deswegen gibt es heute | eine neue Gruppe |
von Menschen, | die helfen will. | Sie nennt sich |
„Die Moorfreunde". | Die Gruppe will zeigen, |
dass diese Gebiete | deutlich mehr Hilfe brauchen |
und dass auch die Politik | mehr zum Schutz |
beisteuern muss. | Die Wasserstände in Mooren |
müssen wieder steigen. | Die Feuchtgebiete |
von früher | müssen wieder feucht werden. |
Die Moorfreunde wollen aber auch | ihre Freude |
an dieser einzigartigen Landschaft vermitteln. |
Denn sie ist einfach schön | – egal, | ob vom Flugzeug |
oder vom Boden aus gesehen. | Vielleicht wäre das |
auch etwas für euch?

Anzahl der Fehler im Diktat: 0–6 ☺ ☺ 7–12 ☺ 😐 13–17 😐 ☹ mehr als 18 ☹ ☹

1 Unterstreiche in den Sätzen die folgenden Wörter:

Internet, Interviews, Religion, Islam, Christentum, Skizzen, Kulissen, Theater, Zirkeltraining, Basketball, Linienrichter, Pizza, Schokoladencroissants, Baguettes, Mensa, Radios, Magnete, fair, Ferien. Präge dir diese Merkwörter ein.

2 Lass dir den Text diktieren. Du kannst aber auch über den Text ein Blatt Papier legen und ihn dann Stück für Stück aufdecken und abschreiben.

Was für ein Schultag! |

Manchmal sind Schultage | ein bisschen verrückt. |
Zum Beispiel hat man | das Fach Deutsch, |
schreibt einen Aufsatz | über das Internet |
oder lernt | die Merkmale eines Interviews. |
Dann kommt Religion dran | und man lernt etwas |
über die Gemeinsamkeiten | des Islam |
mit dem Christentum. | Im Fach Kunst |
macht man Skizzen und Bilder | oder beispielsweise |
auch Kulissen für ein Theater. | Im Sport |
gibt es Zirkeltraining, | Basketball oder Tennis |
mit unserem Lehrer als Linienrichter. |
Dann ist endlich Mittagspause. | Es gibt Pizza, |
Schokoladencroissants | oder belegte Baguettes |
in der Mensa. | Am Nachmittag geht es weiter. |
Im Fach Naturwissenschaften | lernt man |
den Zusammenhang von Radios | und Magneten |
und in Sozialkunde, | wie fairer Handel |
funktionieren kann. | Kein Wunder, | dass man |
hin und wieder | Ferien braucht.

Weitere Merkwörter/Fremdwörter

Anzahl der Fehler im Diktat: 0–6 ☺ ☺ 7–12 ☺ 😐 13–17 😐 ☹ mehr als 18 ☹ ☹

1 Unterstreiche in den Sätzen alle Wörter mit den folgenden **Vorsilben**:

Ab-, Auf-/auf-, be-, ein-, ent-, Er-/er-, Ge-/ge-, mit-, Ver-/ver-, Vor-/vor-, zer-.
Präge dir diese **Vorsilben** ein, denn du begegnest ihnen häufig.
Beispiel: **Verschmutzung, verschwinden** (Achtung: Bei manchen Verbformen ist die Vorsilbe abgetrennt. Beispiel: Er **schlägt** etwas **vor**.)

2 Lass dir den Text diktieren. Du kannst aber auch über den Text ein Blatt Papier legen und ihn dann Stück für Stück aufdecken und abschreiben.

Aufräumen am Ufer |

Das Bachufer | hinter der Schule | ist sehr verschmutzt. |
Davon fühlen sich | nicht nur alle Lehrkräfte gestört, |
sondern auch | alle Kinder der Schule. |
Jetzt helfen alle mit, | das Ufer aufzuräumen. |
Einige sammeln Dosen | und Flaschen ein. |
Andere zerlegen leere Verpackungen. | Der Müll |
und der üble Geruch | sollen verschwinden. |
Alle tragen Handschuhe | und sind sehr vorsichtig, |
damit sich niemand | am Abfall verletzt. |
Lehrkräfte erzählen Geschichten | rund um den Bach. |
Für ihre Vorfahren | war das Gewässer wichtig. |
Aber es gibt auch | viel fröhliches Gelächter. |
Dieser Tag ist für alle | ein tolles Erlebnis. |
Darum schlagen die Kinder vor: | „Lasst uns auch |
die Verschmutzung | im Wald nebenan entfernen!“ |
Alle sind einverstanden | und verabreden sich, |
um auch dort | den Müll zu beseitigen.

Anzahl der Fehler im Diktat: 0–6 ☺☺ 7–12 ☺😐 13–17 😐☹ mehr als 18 ☹☹

1 Unterstreiche in den Sätzen alle Wörter mit den folgenden **Vorsilben**:

Ab-, An-, auf-, aus-, Be-/be-, ein-, ent-, Er-/er-, Ge-, Nach-, un-, Ver-/ver-, Vor-. Präge dir diese **Vorsilben** ein, denn du begegnest ihnen häufig.
Beispiel: **Unfall**, **ungefähr**

2 Lass dir den Text diktieren. Du kannst aber auch über den Text ein Blatt Papier legen und ihn dann Stück für Stück aufdecken und abschreiben.

Hinter dem Gemälde |

Lea besucht am Vormittag | ihre Tante Rosalie. |
Rosalie hatte sich verbrannt, | als sie beim Abschmecken |
einer Nachspeise | nicht aufgepasst hat. |
Das Ergebnis war ein Pudding |
mit einem großartigen Geschmack |
und ein verletzter Unterarm. | Nun hilft Lea |
ihrer lieben Verwandten | mit der Verletzung, |
das Gebäude etwas auszumisten. | Sie beginnen |
auf dem Dachboden. | Nach ungefähr einer Stunde |
entdecken sie | alte Sachen und Verpackungen. |
In einer Ecke | lüftet Lea dann | ein Geheimnis: |
Ein Gemälde | und ein Mini-Gewächshaus |
bilden ein Versteck. | Dort hängen einige Kleidersäcke. |
Rosalie erlaubt ihr, | sie auszupacken. |
Ein wunderschönes Ballkleid | und ein grauer Anzug |
kommen zum Vorschein. | Die beiden beschließen, |
sich zu verkleiden. | Bevor sie das tun, | erzählt Rosalie, |
wie sie und ihr Onkel | einmal zu einem Tanzball |
eingeladen waren.

Anzahl der Fehler im Diktat: 0–6 ☺☺ 7–12 ☺😐 13–17 😐☹ mehr als 18 ☹☹

1 Unterstreiche in den Sätzen alle Wörter mit den folgenden **Vorsilben**:

an-, auf-, be-, da-, ein-, Ent-, Er-, Ge-/ge-, herum-, hin-, Nach-, um-, über-, ver-, voll-, vor-, Vorbei-. Präge dir diese **Vorsilben** ein, denn du begegnest ihnen häufig. Beispiel: **Versuch**, **verg**ehen (Achtung: Bei manchen Verbformen ist die Vorsilbe abgetrennt. Beispiel: Er **schlägt** etwas **vor**.)

2 Lass dir den Text diktieren. Du kannst aber auch über den Text ein Blatt Papier legen und ihn dann Stück für Stück aufdecken und abschreiben.

Party mit Hunden |

Mein Hund Oskar | ist verschwunden! | Ich hatte mich |
am Nachmittag hingelegt | und war eingeschlafen. |
Normalerweise weckt Oskar mich auf, | wenn er |
sein Geschäft verrichten will. | Er stupst mich dann |
ins Gesicht | und geht danach | zur Tür vor. |
Aber diesmal | ist es anders. | Die Gartenpforte ist offen. |
In naher Entfernung | höre ich viel Gelächter |
von Kinderstimmen | und ich rieche | ein Grillfeuer. |
Ich überquere die Straße, | umgehe das geparkte Auto |
und überblicke dann | den großen Garten: |
Hier feiert jemand | einen Kindergeburtstag |
und anscheinend sind | alle Hunde der Nachbarschaft |
vollständig versammelt. | Ich beobachte Oskar, |
wie er mit großen Erwartungen | brav und geduldig |
vor den Grillwürstchen wartet. | Vorbeirennende Kinder |
wollen zum Trampolin, | auf dem schon |
zwei kleine Hunde | vergnügt herumspringen. |
Alle verstehen sich gut | und haben großen Spaß.

Anzahl der Fehler im Diktat: 0–6 ☺ ☺ 7–12 ☺ 😐 13–17 😐 ☹ mehr als 18 ☹ ☹

1 Unterstreiche in den Sätzen alle **höflichen Anredepronomen**. Erinnere dich:

Die **höflichen Anredepronomen** sind **Sie**, **Ihr**, **Ihres**, **Ihrem**, **Ihren**, **Ihnen**, **Ihrer** und **Ihre**. Beachte, dass sie immer großgeschrieben werden.
Beispiel: Könnten **Sie** mir bitte helfen? Ist das **Ihr** Hund?

2 Lass dir den Text diktieren. Du kannst aber auch über den Text ein Blatt Papier legen und ihn dann Stück für Stück aufdecken und abschreiben.

Die Einladung zum Frühlingsball |

Sehr geehrte Frau Stein, |
es ist mir eine große Ehre, | Sie hiermit |
zu unserem | diesjährigen Frühlingsball einzuladen. |
Diese Einladung haben Sie sich |
mit Ihrer herausragenden Ehrenarbeit |
für das Kinderkrankenhaus verdient. |
Dank Ihres Einsatzes | konnte vielen Menschen |
geholfen werden. | Mit Ihren großzügigen Spenden |
und Ihrem unermüdlichen Bemühen | haben Sie |
uns überzeugt, | Ihnen den Titel als Ehrenbürgerin |
unserer schönen Stadt | zu überreichen. |
Ich freue mich, | Sie am Samstag, | den 12. April 1972, |
um 19 Uhr | im großen Ballsaal | des Rathauses |
begrüßen zu dürfen. | Bitte beachten Sie, | dass Sie |
dem Anlass entsprechend | gekleidet sind. |
Ich freue mich | auf Ihre Teilnahme |
und wünsche Ihnen | bis dahin alles Gute! |
Ihr Günther Schneider |
Bürgermeister

Anzahl der Fehler im Diktat: 0–6 ☺ ☺ 7–12 ☺ 😐 13–17 😐 ☹ mehr als 18 ☹ ☹

1 Unterstreiche in den Sätzen alle **persönlichen Anredepronomen**. Erinnere dich:

Die **persönlichen Anredepronomen** sind **du**, **dir**, **dich**, **dein**, **deiner**, **deines**, **deinem**, **deine** und **deinen**. Beachte, dass die **persönlichen Anredepronomen** kleingeschrieben werden.

2 Lass dir den Text diktieren. Du kannst aber auch über den Text ein Blatt Papier legen und ihn dann Stück für Stück aufdecken und abschreiben.

Der Brief an Tante Birgit |

Liebe Tante Birgit, |
vielen Dank für deinen Rat, | was ich |
zu dem Ball tragen soll. | Wie du weißt, |
besuche ich nur selten | solche Veranstaltungen, |
die dir vertrauter sind. | Vielen Dank auch |
für deine Ohrringe. | Sie passten fabelhaft zum Kleid, |
das die Farbe hat, | die dir so gut gefällt. |
Ich hätte deinem Wunsch, | mich auf den Ball |
zu begleiten, | gerne entsprochen. | Aber leider |
waren alle Plätze | schon reserviert. | Ich hatte |
einen sehr schönen Abend | mit Musik und Tanz |
und sicherlich hätte dir | das Essen auch geschmeckt. |
Besonders der Pudding | war fast so gut | wie deiner. |
Bald werde ich | dein Rezept | für den Kuchen probieren. |
Die Anleitungen deines Rezeptbuches |
sind klar und verständlich. | Ich wünsche dir |
viel Gesundheit und bleibe, | wie du bist. |
Deine dich liebende Nichte |
Rosalie

Anzahl der Fehler im Diktat: 0–6 ☺ ☺ 7–12 ☺ 😐 13–17 😐 ☹ mehr als 18 ☹ ☹

1 Unterstreiche in den Sätzen alle **unregelmäßigen Verben**. Nutze die folgenden Grundformen dieser Verben als Unterstützung:

gehen, treffen, haben, sehen, können, kommen, rufen, beißen, fangen, sein, stehlen, essen. Präge dir **unregelmäßige Verben** und ihre Bildung ein.
Beispiel: sein – ich bin – ich war – ich bin gewesen

2 Lass dir den Text diktieren. Du kannst aber auch über den Text ein Blatt Papier legen und ihn dann Stück für Stück aufdecken und abschreiben.

Mein Hund Milo |

Du gehst | mit deinem Hund spazieren |
und triffst dabei | auf deinen Freund Moritz |
aus der Schule. | Er fragt dich, | was dein Hund |
alles kann. | „Kommt er, | wenn du ihn rufst? |
Beißt er beim Spielen? | Fängt er |
eine Frisbee-Scheibe?" | Und bevor du |
antworten kannst, | erzählt Moritz |
von seinem Hund: | „Unser Hund Milo |
kam schon als Welpe, | wenn ich ihn rief. |
Er hat mich nie gebissen, | wenn ich mit ihm |
gespielt habe. | Als ich noch klein war, |
hat er mir aber | eine Wurst gestohlen, |
die ich hatte essen wollen. | Danach aß ich nie wieder |
auf dem Fußboden." | Dann fragst du: | „Hat Milo |
Frisbee-Scheiben gefangen?" | „Nie", | sagt Moritz |
und schaut traurig. | „Er fing aber einmal | eine Biene. |
Da hättest du | seine Schnauze sehen sollen!"

Anzahl der Fehler im Diktat: 0–6 ☺ ☺ 7–12 ☺ 😐 13–17 😐 ☹ mehr als 18 ☹ ☹

1 Unterstreiche in den Sätzen alle **unregelmäßigen Verben**. Nutze die folgenden Grundformen dieser Verben als Unterstützung:

fahren, geben, abbiegen, anhalten, fallen, erschrecken, aussteigen, anschreien, nehmen, gehen, kommen, können, sein. Präge dir **unregelmäßige Verben** und ihre Bildung ein. Beispiel: sein – ich bin – ich war – ich bin gewesen

2 Lass dir den Text diktieren. Du kannst aber auch über den Text ein Blatt Papier legen und ihn dann Stück für Stück aufdecken und abschreiben.

Ein Unfall, | zwei Sichtweisen |

Joris erzählt: | „Ich fuhr ganz normal | auf der Straße |
und gab Zeichen, | dass ich abbiegen wollte. |
Auf einmal hielt ein Auto | knapp vor mir an, |
sodass ich vom Rad fiel, | weil es mich |
so erschreckt hatte. | Ein wütender Mann |
stieg aus, | schrie mich an und meinte, |
ich hätte ihm | die Vorfahrt genommen. | Er gab mir |
dann den Ratschlag, | lieber zu Fuß zu gehen.“ |
Herr Habeck erzählt: | „Da komme ich gemütlich |
die Straße entlang | und auf einmal |
fährt mir der Junge | einfach vor das Auto. |
Ich halte so schnell an, | wie ich kann | und steige aus, |
weil er vom Fahrrad | gefallen war. | Ich frage ihn |
zum Schluss, | ob er vielleicht Hilfe braucht |
und gebe ihm den Ratschlag, | in Zukunft |
besser aufzupassen.“ |
Wer von beiden | ist im Recht?

Anzahl der Fehler im Diktat: 0–6 ☺☺ 7–12 ☺😐 13–17 😐☹ mehr als 18 ☹☹

1 Unterstreiche in den Sätzen alle **unregelmäßigen Verben**. Nutze die folgenden Grundformen dieser Verben als Unterstützung:

sein, essen, trinken, lesen, schwimmen, schlafen, riechen, sitzen, finden, scheinen, erschrecken, sehen, wissen, können, gehen, verbieten, treffen, verschwinden. Präge dir **unregelmäßige Verben** und ihre Bildung ein.
Beispiel: sein – ich bin – ich war – ich bin gewesen

2 Lass dir den Text diktieren. Du kannst aber auch über den Text ein Blatt Papier legen und ihn dann Stück für Stück aufdecken und abschreiben.

Die Meerprinzessin |

Es war einmal eine Prinzessin, | die aß nur |
von blauen Tellern | und trank nur | aus grünen Gläsern. |
Sie las am liebsten | Geschichten über das Meer, |
denn es war ihr Traum, | eine Meerjungfrau zu sein. |
Deswegen schwamm sie jeden Tag, |
schlief neben dem Pool | und stets roch sie |
nach Salz und Seetang. | Eines Tages saß sie |
am Ufer des Meeres | und fand einen jungen Mann. |
Es schien, | als hätte ihn das Meer | an Land gespült. |
Er erschrak, | als er sie sah, | denn er wusste nicht, |
dass jemand | außerhalb des Wassers |
leben konnte. | Er war ein Prinz des Meeres. |
Er konnte zwar | nicht auf Füßen gehen, |
aber dafür schwimmen | wie kein anderer. |
Als der Vater | der Prinzessin verbot, |
sich mit dem Mann | zu treffen, | verschwand sie. |
Manche Menschen sagen, | man hört ihr Lachen |
bei Vollmond | und ruhiger See.

Anzahl der Fehler im Diktat: 0–6 ☺☺ 7–12 ☺😐 13–17 😐☹ mehr als 18 ☹☹

Schwierige Wörter zum Nachschlagen

Die folgenden Wörter darfst du bei den Diktaten als Hilfe benutzen.

Text	Wörter
Die grüne Insel	Chance, Entwicklung
Hilfe aus der Nachbarschaft	Zeugnis-Feier, miauen, zurückkommen, Katzenklappe, Balkontür
Das Fußballspiel	Freundeskreis, quatschen, Gepäckträger, Europameisterschaft, Spielschluss, Applaus
Das Geschenk	Lukas, Lehrkräfte, gekümmert (kümmern), Suchanzeige, Sabrina, Karton
Warum streiten wir?	schlimm, stattdessen, Stadt-Land-Fluss
Fliegende Kartoffeln	nervös, Pellkartoffeln, Gemüseplatte, schallte (schallen), Gelächter, Vorfall
Im Bus	Sitzreihe, Wollmütze, Karton, Hamsterschnauze
Michaela und Rico	Michaela, Ricarda, Weihnachtsabende, Geruchssinn
Die Tauchprüfung	Tauchprüfung, Durchgang, Oberfläche, Wasseroberfläche
Spiros Spezialbrot	Spiro, Spezialbrot, Spitzpaprika, Strauchtomaten, Servietten, Stangenbrot, (Frau) Spange, Salzteig, Stapel, Besteck
Blind vertrauen	Pia, regelmäßig, Hobby, Betrieb
Das Kind in der Burg	Finn, gleichzeitig, Ruine, Horizont
Der Laub-Zwerg	Laub-Zwerg, Timon, Vollmondnacht, Zaubermantel, Meisterdieb, Salomon, litt (leiden)
Schuhe für den Uhu	Mara, Lieblingssendung, Zauberwald, barfuß
Der Fußball	Leon
Kochen Hühner für Füchse?	priesen (preisen), flitzten (flitzen), Käseblöcke
Wilde Träume	Bibo, Fieberschweiß, klapperten (klappern), Wäscheschränke, Gewächshaus
Reisepläne	Ernährungsberater, Menschenmengen, exotisch, Wolkenränder
Genießen Füchse Süßigkeiten?	mittlerweile, Köstlichkeiten, riskieren (Risiko), Kürbisse, Radieschen, Sellerie, raffiniert
Nicht friedlich	Stiel (z.B. von Blumen) ≠ Stil (z.B. Art und Weise, etwas zu tun), hindurchkriechen
Ricos Maschine	Raschida, auseinanderliegen, Mobiltelefon, Burgruine
Süß, durstig, mit schwarzen Haaren	Bürgerbüro, wiederzukommen (wiederkommen)
Die Traumreise	Traumreise, Kirchenglocken, Brise (leichter Wind)
Vielleicht das schönste Jahresende	Adventszeit, Vier gewinnt, Neujahrstag, Klemmbausteine-Set, Detektiv-Valentin-Film
Unterwegs mit Papa	Ruben, nahrhaft, Drahtesel, prahlerisch (prahlen), vorbeigefahren (vorbeifahren)
Der Müllerssohn und das Huhn	Müllerssohn, Weihnachten, eingestehen, mittlerweile
Das Paar im Erdbeerboot	Erdbeerboot, Timon, Tiara, Sandförmchen
Der Käfer und der Käfig	Erika, Ballett, hineinzugehen (hineingehen), während
Die Moorfreunde	Moorfreunde, Feuchtgebiete, Klimaschutz, heutzutage, Torf, Verfeuern, beisteuern, Wasserstände
Was für ein Schultag!	Interviews, Islam, Christentum, Kulisse, Zirkeltraining, Schokoladencroissants, Baguettes, Mensa
Aufräumen am Ufer	Bachufer, Lehrkräfte, üble (übel), Gelächter
Hinter dem Gemälde	Gemälde, Lea, Rosalie, das Abschmecken, auszumisten (ausmisten), Mini-Gewächshaus, Kleidersäcke, Ballkleid, Vorschein, Tanzball
Party mit Hunden	Oskar, normalerweise, verrichten, stupst (stupsen), Gartenpforte, Gelächter, Grillwürstchen, vorbeirennende Kinder (vorbeirennen), Trampolin, herumspringen
Die Einladung zum Frühlingsball	Frühlingsball, diesjährig, herausragend, Ehrenarbeit, Kinderkrankenhaus, großzügig, unermüdlich, Ehrenbürgerin, überreichen, Ballsaal, Rathaus, Günther Schneider
Der Brief an Tante Birgit	Birgit, entsprochen (entsprechen), reserviert (reservieren), Pudding, Rezeptbuch, Rosalie
Mein Hund Milo	Milo, Moritz, Frisbee-Scheibe, Welpe, Fußboden, Schnauze
Ein Unfall, zwei Sichtweisen	Sichtweisen, Joris, Vorfahrt, Ratschlag, (Herr) Habeck
Die Meerprinzessin	Meerprinzessin, Meerjungfrau, Seetang